Дудочник в пёстрой одежде

The Pied Piper

retold by Henriette Barkow
illustrated by Roland Dry

Russian translation by Dr. Lydia Buravova

MANTRA LINGUA

Кто верит, что эта история - правда, кто нет. Так или иначе, я расскажу ее вам.

Много лет назад в старые времена был один город, который назывался Гаммельн. Это был обыкновенный город, в котором жили обыкновенные люди, такие как ты и я.

В тот год город наводнили КРЫСЫ. Это были большие крысы и маленькие крысы, жирные крысы и худые крысы. Куда ни посмотришь - всюду были КРЫСЫ!

Some people believe this story is true, and others that it is not. But either way this story I will tell to you.

Many years ago, in the days of old, there was a town called Hamelin. It was an ordinary town, with ordinary people just like you and me.

One year the town had an invasion of RATS. There were big rats and small rats, fat rats and thin rats. Wherever you looked there were RATS!

THIS BOOK

....

....

....

....

Bromley
THE LONDON BOROUGH
www.bromley.gov.uk

Renewals
0333 370 4700
arena.yourlondonlibrary.net/
web/bromley

Please return/renew this item
by the last date shown.
Books may also be renewed by
phone and Internet.

For Tina - H.B.
For my family and friends - R.D.

Mantra Lingua Ltd
Global House, 303 Ballards Lane, London N12 8NP
www.mantralingua.com

First Published in 2002 by Mantra Lingua Ltd
Text copyright © Henriette Barkow
Illustration copyright © 2002 Roland Dry
Dual Language Text copyright © 2002 Mantra Lingua Ltd
Audio copyright © 2009 Mantra Lingua Ltd
This sound enabled edition published 2012

Можете себе представить, как расстроились горожане. Они ворвались в ратушу и потребовали, чтобы мэр города что-то сделал. «Что, по-вашему, я могу сделать? – заорал он. -Я ведь не крысолов!»

As you can imagine, the people of the town were very upset. They stormed to the town hall and demanded that the mayor do something.
"What do you expect me to do?" he shouted. "I'm not a rat catcher!"

В это самое мгновение появился какой-то незнакомец в диковинной одежде. В руках у него была дудочка. Толпа уставилась на незнакомца, как часто глазеют на незнакомцев. Однако, он не обратил на это внимания.

At that very moment a stranger appeared, wearing the most unusual clothes and holding a pipe in his hand. The crowd stared at the stranger, the way that people often stare at strangers, but that didn't bother him.

Незнакомец подошёл прямо к мэру и представился: «Меня называют Дудочником в пестрой одежде, и если вы заплатите мне двадцать золотых монет, я уведу из города всех крыс».

Ну, для мэра эти слова прозвучали как сладкая музыка. «Если ты на самом деле можешь сделать, что пообещал, я с большой радостью заплачу тебе за это», - ответил он.

The stranger walked straight up to the mayor and introduced himself. "They call me the Pied Piper and if you pay me twenty pieces of gold I will take all your rats away."

Well this was music to the mayor's ears. "If you can truly do what you say, I shall be more than happy to pay you," he replied.

Горожане смотрели в ожидании на человека, который назвал себя Дудочником в пестрой одежде. Сможет ли он на самом деле избавиться от всех крыс – больших крыс и маленьких крыс, молодых крыс и старых крыс?

The town's people waited and watched. Could this so called Pied Piper really get rid of all the rats - the big rats and the small rats, the young rats and the old rats?

Дудочник начал медленно играть на дудочке, и тут случилось невероятное. Со всех закоулков и щелей крысы повылезали на улицу, и, завороженные музыкой, последовали за Дудочником.

The Pied Piper slowly started to play his pipe and an unbelievable thing happened. From every nook and cranny the rats poured out onto the street, and under the spell of the music, they followed the piper.

Они последовали за ним из города Гаммельн к реке Везер. Тут Дудочник заиграл другую мелодию, и с душераздирающими воплями крысы бросились в ледяную воду и утонули.

They followed him out of Hamelin town to the river Weser. Here, the Pied Piper changed his tune and with a mournful wailing, the rats threw themselves into the icy water and drowned.

Нужно сказать, что мэр города Гаммельн был жадным человеком, и совсем не собирался давать никаких денег какому-то незнакомцу. И когда Дудочник пришел и попросил свои золотые, мэр засмеялся и покачал головой. «Зачем мне давать тебе деньги, если крысы покинули город?» – огрызнулся он.

Now the mayor of Hamelin was a greedy man, and he wasn't going to give any money to a stranger. When the Pied Piper came and demanded his pieces of gold the mayor laughed and shook his head. "Now that the rats are gone why should I give you anything?" he snarled.

Народ стоял и слушал. Люди не заступились за Дудочника, хотя они знали, что мэр был не прав. Никто не произнес ни слова.

The people stood and listened. They didn't stand up for the piper, even though they knew that their mayor was wrong. They didn't say a word.

«Хорошенько подумай, мэр! – предупредил Дудочник. – Если ты не заплатишь, я сделаю так, что этот город постигнут немыслимые страдания».

Ну, а в представлении мэра не было ничего страшнее крыс, и он затопал ногами, крича: «Я НИКОГДА НЕ ЗАПЛАЧУ ТЕБЕ!».

"Think again, mayor!" the piper warned. "If you don't pay, then I will make this town suffer more than you can ever imagine."
Well the mayor couldn't think of anything worse than the rats and so he stomped off shouting: "I WILL NEVER PAY YOU!"

В тот самый день, в то время, когда люди были заняты и наводили порядок в городе, Дудочник вышел на городскую площадь. Он медленно поднес к губам свою дудочку, и заиграл мелодию, которую невозможно описать словами.

That very afternoon, while the people were busy repairing their town, the Pied Piper stood in the town square. Slowly he lifted the pipe to his lips, and played a tune that no words could describe.

С каждой новой нотой к нему собиралось все больше и больше детей, они танцевали и пели под эту музыку.

With each new note more and more children appeared, and danced and sang to the music.

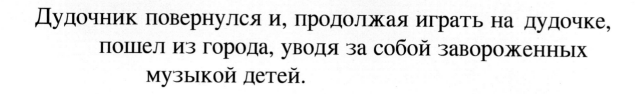

Дудочник повернулся и, продолжая играть на дудочке, пошел из города, уводя за собой завороженных музыкой детей.

The Pied Piper turned and walked out of the town playing his pipe and all the children followed, caught under the spell of his music.

Пританцовывая и подпевая в ритм мелодии, они взошли на холм. Когда казалось, что дальше идти некуда, перед ними отворилась дверь.

Up the hill they danced and sang to the rhythm of the tune. When it looked like they could go no further, a door opened before them.

В недра холма за Дудочником один за другим дети ушли навсегда. За исключением одного, который не успевал за остальными.

One by one the children followed the Pied Piper into the heart of the hill forever. All except one, who could not keep up with the others.

Когда маленький мальчик вернулся в город, чары музыки развеялись.
Люди в недоумении смотрели на него, когда он поведал им, что случилось.
Они звали своих детей, плакали, но никогда больше не увидели их.

When the little boy returned to the town it was as if a spell had been broken.
The people stared at him in disbelief when he told them what had happened.
They called and cried for their children, but they never saw them again.

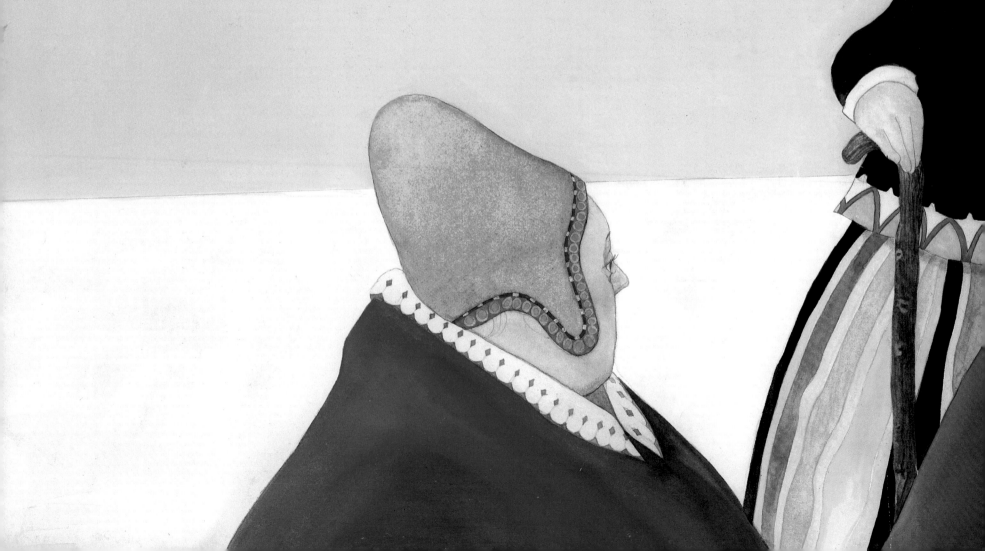

key words

town	город
people	люди, народ
rats	крысы
town hall	мэрия, ратуша
mayor	мэр
rat catcher	крысолов
stranger	незнакомец
clothes	одежда
pipe	дудочка
crowd	толпа
pied piper	дудочник в пестрой одежде
twenty	двадцать
pieces of gold	золотые монеты

ключевые слова

music	музыка
playing	играя
river	река
greedy	жадный
money	деньги
suffer	страдать
children	дети
danced	танцевали
sang	пели
rhythm	ритм
tune	мелодия
hill	холм
spell	чары, волшебство

Легенда о Дудочнике в пестрой одежде основана на событиях, которые произошли в городе Гаммельн (Хамельн) в Германии в 1284-м году.

Если вы хотите больше узнать о городе Хамельн, есть замечательный сайт на английском языке://www.hameln.com/englis

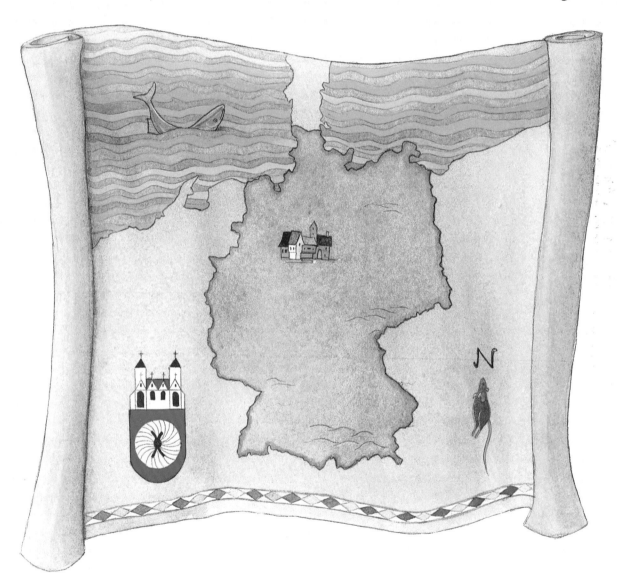

The legend of the Pied Piper originates from events that took place in the town of Hameln in Germany. The story dates back to 1284.

If you would like more information the town of Hameln has an excellent website in English: http://www.hameln.com/englis